PAOLO LORIN

PERCHÉ
NOI DEL PD
NON VINCIAMO MAI

e-mail: info@pdroma.net

Introduzione

Ho voluto scrivere in modo schematico 80 motivi per
i quali, secondo me, il mio partito non riesce a
vincere le elezioni.

Mi piacerebbe che questo libro venisse letto in tutti i
circoli del PD e che alla fine, piano piano, il testo
giungesse ai "piani alti", dove i grandi politici
prendono le decisioni.

Questo libretto non vuole essere un'esaustiva
analisi della sconfitta, ma un punto dal quale
ripartire per iniziare un cammino verso la vittoria.

Da soli non possiamo vincere e, senza riscoprire i
nostri valori, ogni scelta sarà difficile e l'elettorato
che ci ha abbandonato non ritornerà mai più.

Vogliamo che ritorni presto?

Facciamo una vera politica di **SINISTRA**.

PERCHÉ
LA FESTA DELL'UNITÀ
NON È PIÙ ECONOMICA
COME UNA VOLTA

PERCHÉ

IO SONO AL CENTRO

E NON MI PIACE LA SINISTRA

PERCHÉ

IO SONO A DESTRA DEL VOSTRO

CENTRO E NON MI PIACE NÉ IL

CENTRO NÉ LA SINISTRA

PERCHÉ

IO SONO A SINISTRA

E SONO RIMASTO

QUASI DA SOLO

PERCHÉ
ABBIAMO RINNOVATO
IL PARTITO
PER DIVENTARE
DI CENTRO DESTRA

PERCHÉ

NON DIAMO

SPAZIO AI GIOVANI

PERCHÉ
FACCIAMO FINTA
DI ESSERE "APERTI"
AL DIALOGO,
MA NON LO SIAMO

PERCHÉ

ELIMINIAMO

DAL PARTITO

CHI CONTESTA

PERCHÉ
NON ASCOLTIAMO
I TESSERATI DEI CIRCOLI

PERCHÉ

ABBIAMO PENSATO

CHE IL COMUNISMO DELLE IDEE

FOSSE MORTO

PERCHÉ

CHI PRESENTIAMO

ALLE ELEZIONI

NON RAPPRESENTA

LA GENTE

PERCHÉ
ABBIAMO PENSATO
CHE LA GENTE
CI VOLESSE LIBERALI

PERCHÉ
I NOSTRI DIRIGENTI
SONO TROPPO
POLITICALLY CORRECT

PERCHÉ
ABBIAMO PAURA
DI DIRE DI NO

PERCHÉ

LA MAGGIOR PARTE

DEI NOSTRI RAPPRESENTANTI

NON HA MAI LAVORATO

PERCHÉ
NON CANTIAMO
L'INTERNAZIONALE

PERCHÉ
SIAMO CARENTI
NELLA COMUNICAZIONE

PERCHÉ
CANTIAMO
"BELLA CIAO"
QUANDO NON SERVE

PERCHÉ

NON FACCIAMO

POLITICA ATTIVA

SUL TERRITORIO

DA 30 ANNI

PERCHÉ

ABBIAMO SEMPRE PENSATO

DI VINCERE

NELLE REGIONI ROSSE

SENZA FARE NIENTE

PER ANNI

PERCHÉ

ABBIAMO LASCIATO

LE PERIFERIE

ALLE DESTRE

PERCHÉ
SIAMO INVASI DAI
RADICAL CHIC

PERCHÉ
SIAMO RESPONSABILI
DEL
JOB-ACT

PERCHÉ

NON ABBIAMO CAPITO

CHE I LIBERI PROFESSIONISTI

NON SONO SOLO

I COMMERCIALISTI E GLI

AVVOCATI

PERCHÉ

EX DC CON EX PC

HANNO IN COMUNE

SOLTANTO LA PAROLA

EX

PERCHÉ

SE VOGLIAMO

UNA COSA DOBBIAMO

PRENDERCELA

PERCHÉ
NON CREDIAMO
IN UN PROGRAMMA
DI SINISTRA

PERCHÉ USIAMO

DELLE METAFORE

CHE NESSUNO

CAPISCE

PERCHÉ CREIAMO UN PROGRAMMA DI CENTRO DESTRA, MA CI CHIAMIAMO CENTRO-SINISTRA

PERCHÉ
NON IMPARIAMO
DAI NOSTRI ERRORI

PERCHÉ

NON ABBIAMO IL CORAGGIO

DI CAMBIARE

PERCHÉ
SIAMO LONTANI
ANNI LUCE
DAL MONDO REALE

PERCHÉ
NON ABBIAMO
FATTO NIENTE
PER GLI STRANIERI

PERCHÉ

ABBIAMO PAURA

DI DIRE CHE ALLA FINE

IL COMUNISMO

NON ERA TUTTO

DA BUTTARE

VIA

PERCHÉ

SIAMO DEBOLI CON I FORTI

E FORTI CON I DEBOLI

PERCHÉ
NON ABBIAMO IN MENTE
UN PIANO DI SVILUPPO
PER L'ITALIA

PERCHÉ
LA POLITICA DI MINNITI
SULL'IMMIGRAZIONE
È STATA UGUALE
A QUELLA DI SALVINI

PERCHÉ NON SAPPIAMO

IL SIGNIFICATO

DELLA PAROLA

PIANIFICAZIONE

PERCHÉ
PARLIAMO DI DEGRADO
SENZA RISOLVERE
I PROBLEMI SOCIALI

**PERCHÉ
LA COOP E L'UNIPOL
SONO PIÙ IMPORTANTI
DELLA NOSTRA BASE**

PERCHÉ

DARE LA CITTADINANZA

A CHI NASCE

IN ITALIA

È UN SEGNO

DI CIVILTÀ

PERCHÉ
ABBIAMO PAURA
CHE L'IMMIGRATO
VOTI A DESTRA

PERCHÉ

ABBIAMO CHIUSO

QUASI TUTTE

LE EX CASE DEL POPOLO

PERCHÉ

SIAMO

UN PO' PRETI

E POCO OPERAI

PERCHÉ
I NOSTRI DIRIGENTI
NON HANNO GRINTA

PERCHÉ

NON PROMETTIAMO LA LUNA

COME FANNO GLI ALTRI

PERCHÉ
LASCIAMO DELOCALIZZARE
GLI IMPRENDITORI ITALIANI
DOPO AVER RICEVUTO
I FINANZIAMENTI PUBBLICI

PERCHÉ

ABBIAMO IL TIMORE

DI PERDERE VOTI OSANDO

TROPPO

PERCHÉ
SIAMO OSTAGGI
DEL NOSTRO ESSERE
MODERATI

PERCHÉ

SIAMO L'UNICO PARTITO

DOVE COMANDA

IL CAPO DI UN ALTRO PARTITO

PERCHÉ

ANDANDO CON

LO ZOPPO

SI IMPARA

A ZOPPICARE

PERCHÉ

ALLE PAROLE

BISOGNA FAR SEGUIRE

I FATTI

PERCHÉ

CI VUOLE COERENZA

E NOI NON CONOSCIAMO

IL SIGNIFICATO

DI QUESTA PAROLA

PERCHÉ QUALCUNO
NEL PARTITO
"INSEGUE" LA
LEGA E BERLUSCONI

PERCHÉ
ABBIAMO DIMENTICATO
I NOSTRI VALORI

PERCHÉ

LA POLITICA

DEL MENO PEGGIO

HA STUFATO

PERCHÉ

GLI ALTRI SONO

BRUTTI, MA NOI

COME SIAMO?

PERCHÉ

PRIMA DI PENSARE

ALLE GRANDI OPERE

BISOGNEREBBE PENSARE

ALLE PICCOLE

PERCHÉ

LE SCUOLE

CADONO A PEZZI

E NOI PENSIAMO ALLA TAV

PERCHÉ

NON ABBIAMO

UN PROGETTO

"VERDE"

PERCHÉ

QUALCUNO DI NOI

AMA TRIVELLARE

PER TROVARE

IL PETROLIO

PERCHÉ

SONO ANNI CHE

NON ABBIAMO

UN PIANO

INDUSTRIALE

SERIO

PERCHÉ

NON VOGLIAMO TASSARE

NEPPURE DELL'1%

LE MULTINAZIONALI AMERICANE

CHE OPERANO SUL WEB

PERCHÉ

LASCIAMO

SCAPPARE

I NOSTRI LAUREATI

PERCHÉ
NON VALORIZZIAMO
I BORGHI MEDIEVALI
CON PROGETTI DI
RIPOPOLAMENTO

PERCHÉ
ABBIAMO LIBERALIZZATO
LE LICENZE COMMERCIALI
E ORA TUTTI APRONO
NEGOZI IDENTICI A POCHI
METRI DI DISTANZA

PERCHÉ
ABBIAMO VOLUTO
IL NUMERO CHIUSO
ALL'UNIVERSITÀ
E ADESSO SIAMO SENZA
DOTTORI

PERCHÉ

NON VOGLIAMO

RIORGANIZZARE

SERIAMENTE

I CENTRI PER L'IMPIEGO

PERCHÉ

LA GENTE DA NOI

SI ASPETTA

QUALCOSA

DI DIVERSO

PERCHÉ
LA PAZIENZA
È FINITA

PERCHÉ

QUALCUNO DEI NOSTRI

RAPPRESENTANTI

È SPOCCHIOSO

E SI SENTE SUPERIORE

A NOI

PERCHÉ
QUANDO BISOGNA
ESSERE UNITI
IL PARTITO
SI SPACCA
IN FAZIONI

PERCHÉ
SIAMO VITTIME
DEL NOSTRO
PROTAGONISMO

PERCHÉ
LA DISOCCUPAZIONE
SI VINCE CON L'EDUCAZIONE

PERCHÉ

NON POSSIAMO

PARLARE SOLTANTO

CON CHI LA PENSA

COME NOI

PERCHÉ
FACCIAMO ALLEANZE
DISCUTIBILI

PERCHÉ

SE CREDI

ALLE TUE IDEE

LE DIFENDI

PERCHÉ

ANCHE RAI 3

HA CAMBIATO

LINEA

PERCHÉ

DIO ERA COMUNISTA

E QUALCUNO DI NOI

NON LO ACCETTA

PERCHÉ

LA LOTTA

NON

CONTINUA